**Niveau débutant**

# VOCABULAIRE

Élisa Oughlissi

TESTS

CLE

CLE
INTERNATIONAL

# Conseils à l'étudiant

- Vous pouvez suivre l'ordre des chapitres de 1 à 10 ou choisir librement les contenus que vous voulez travailler, chaque chapitre étant autonome.
- Vous pouvez répondre aux tests au crayon à papier pour les refaire après quelque temps.

Vous faites un exercice,
vous comparez vos réponses avec les corrigés,
vous vous mettez une note,
si vous n'avez pas su répondre, ou si vous vous êtes trompé(e), apprenez les bonnes réponses.
Refaites l'exercice plusieurs fois.

Refaire les exercices vous aidera à fixer les connaissances et ainsi à progresser en français.

Édition : Brigitte Faucard

Illustrations : Jaume Bosch

Couverture : Laurence Durandeau

Maquette et mise en page intérieure : PAOH !

CLE International, 2003.

ISBN : 209 033 615-3

# Avant-propos

Les *Tests CLE* en vocabulaire niveau débutant s'adressent à tous les étudiants, adolescents et adultes, désireux de vérifier leurs connaissances en vocabulaire.

Les exercices proposés sont variés et sont accompagnés des corrigés. Ainsi, l'utilisateur du manuel pourra travailler en autonomie, choisir les chapitres qu'il veut aborder dans l'ordre qu'il souhaitera.

Le livre est composé de 10 chapitres qui rappellent les notions qui sont abordées durant l'apprentissage de la langue et dans des méthodes actuelles de langue de niveau 1.

Nous avons tenu d'une part à privilégier des termes pratiques et contemporains, et d'autre part à proposer des exercices qui mettent en évidence des mots rencontrés dans la vie quotidienne.

L'utilisation de ce livre peut se faire conjointement à celle d'un dictionnaire de français langue étrangère, ce qui permet à l'apprenant d'approfondir ses connaissances et ainsi de mieux saisir les nuances de la langue.

Cet ouvrage se veut ludique. Pour cette raison, la nature des exercices est très variée. On trouvera aussi bien des exercices classiques comme les questions à choix multiples, les phrases ou dialogues à compléter, que des activités ludiques comme les mots croisés ou les mots cachés.

# Sommaire

# 1 Les présentations

**1** **Complétez le dialogue.**

ÉLISE : Bonjour, je m'appelle Élise, et vous ?

FRANCK : E __ __ __ __ __ __ __ , moi, c'est Franck

ÉLISE : Vous êtes de quelle n __ __ __ __ __ __ __ __ __ __ ?

FRANCK : Je suis allemand. Quelle est votre p __ __ __ __ __ __ __ __ __ ?

ÉLISE : Je suis architecte, et vous ?

FRANCK : Je ne travaille pas encore, je suis é __ __ __ __ __ __ __ .

ÉLISE : Enchantée d'avoir fait votre c __ __ __ __ __ __ __ __ __ __ __ , à bientô

Note : /5 poi

**2** **Cochez la bonne réponse.**

**1.** Vous avez quel âge ?

J'ai deux enfants. ☐      J'ai vingt ans. ☐      J'ai un certain âge. ☐

**2.** Vous vivez seule ?

Oui, je suis mariée. ☐      Non, j'ai divorcé. ☐      Oui, je suis célibataire. ☐

**3.** Vous partez, vous dites à votre amie Élise :

Au revoir et à bientôt. ☐      Peut-être. ☐      Dans dix jours. ☐

**4.** M. et Mme Leblanc forment

un couple. ☐      une tribu. ☐      une famille. ☐

**5.** Vous rencontrez votre voisin, M. Blanc, le matin, vous lui dites :

Bonsoir, M. Blanc ! ☐      Bonne journée ! ☐      Bonjour, M. Blanc ! ☐

Note : /5 poi

TOTAL : /10 poi

**Rayez l'intrus.**

**1.** bonjour – bonsoir – bon courage – au revoir

**2.** célibataire – inquiet – marié – divorcé

**3.** passion – profession – métier – occupation

**4.** pays – parti – nationalité – origine

Note : /4 points

**Reliez la définition au mot.**

**1.** Personne qui trace les plans d'une maison. •

**2.** Personne qui installe l'électricité dans un bâtiment. •

**3.** Personne qui s'occupe des décors intérieurs d'une maison. •

**4.** Personne qui vend des meubles et des objets anciens. •

**5.** Personne qui compose des bouquets de fleurs. •

**6.** Personne qui répare les voitures. •

• **a.** un fleuriste

• **b.** un architecte

• **c.** un garagiste

• **d.** un électricien

• **e.** un antiquaire

• **f.** un décorateur

Note : /6 points

TOTAL : /10 points

**5** **Reliez les questions et les réponses.**

1. Est-ce que vous avez des enfants ? •      • **a.** Non, je suis irlandais.

2. Avez-vous des frères et sœurs ? •      • **b.** J'ai vingt ans.

3. Quel âge avez-vous ? •      • **c.** Oui, j'en ai deux.

4. Est-ce que vous êtes français ? •      • **d.** J'ai seulement un frère.

5. Quelle est votre activité ? •      • **e.** Je suis employé de banque

Note : /5 poir

**6** **Cochez la bonne réponse.**

1. Ma voiture est en panne, je la conduis chez

     le vendeur. ☐     le fournisseur. ☐     le garagiste. ☐

2. Je suis malade, je vais chez

     ma tante. ☐     l'astrologue. ☐     le médecin. ☐

3. Dans un hôpital, qui opère ?

     le chirurgien ☐     l'infirmier ☐     le médecin-chef ☐

4. Vous allez vous faire soigner les dents chez

     le médecin généraliste. ☐     le dentiste. ☐     le psychologue. ☐

5. Qui travaille dans un magasin ? ☐

     un informaticien ☐     une vendeuse ☐     une serveuse ☐

Note : /5 poir

TOTAL : /10 poi

**Cochez vrai ou faux.**

**1.** Quand on n'a plus de travail, on est au chômage.

vrai ☐        faux ☐

**2.** Quand on travaille seulement le matin, on travaille à temps complet.

vrai ☐        faux ☐

**3.** On ne travaille pas pendant son temps libre.

vrai ☐        faux ☐

**4.** À 60 ans, on s'arrête de travailler et on est à la retraite.

vrai ☐        faux ☐

**5.** Une personne qui conduit un taxi est un conducteur.

vrai ☐        faux ☐

Note : /5 points

**Complétez le texte avec :**

*mécanicien • chauffeur • hôtesse • nourrice • bilingues*

Ma voisine travaille pour une compagnie aérienne, elle est _____
de l'air. Elle voyage beaucoup et me rapporte souvent des statues des pays
lointains. Son mari travaille avec elle, il est _____ navigant. Ils
parlent tous les deux aussi bien le français que l'anglais, ils sont
_____. Ils n'ont pas l'occasion de voir souvent leurs enfants, donc
ils ont engagé une _____ pour qu'elle s'occupe d'eux quand ils
sont en voyage. Jean, qui est _____ de taxi, les connaît très bien.

Note : /5 points

TOTAL : /10 points

**9** **Cochez la bonne réponse.**

**1.** Anne aime parler, elle est

drôle. ☐          bavarde. ☐          réservée. ☐

**2.** Jean étudie tout le temps, il est

sérieux. ☐          pessimiste. ☐          nerveux. ☐

**3.** J'aime raconter des blagues, j'ai

mauvais caractère. ☐          bon caractère. ☐          le sens de l'humour. ☐

**4.** Ma voisine ne fait pas de bruit, elle est

bruyante. ☐          calme. ☐          timide. ☐

**5.** Mes amis me font toujours des cadeaux, ils sont

tolérants. ☐          gentils. ☐          généreux. ☐

**6.** Un enseignant doit être

paresseux. ☐          patient. ☐          bavard. ☐

**7.** Quand on s'énerve, on est

hypocrite. ☐          agressif. ☐          prétentieux. ☐

**8.** Jean ne montre pas ses sentiments, il est

franc. ☐          froid. ☐          faux. ☐

**9.** Il dit ce qu'il pense, il est

honnête. ☐          sincère. ☐          solidaire. ☐

**10.** Ma collègue veut tout savoir, elle est

cupide. ☐          curieuse. ☐          stupide. ☐

TOTAL : /10 poi

**Reliez l'adjectif à son contraire.**

1. laid •          • **a.** petit
2. grand •         • **b.** longs
3. mince •         • **c.** gros
4. jeune •         • **d.** beau
5. courts •        • **e.** vieux

Note : /5 points

**Complétez la fiche avec :**

*prénom • civil • nom • taille • couleur*

```
_____ : Leblanc
_____ : Mathilde
État _____ : mariée
Profession : journaliste
_____ des yeux : bleus
_____ : 1 m 70
adresse : 16, rue Lamartine
75009 Paris
```

Note : /5 points

TOTAL : /10 points

**12** Réécrivez les petites annonces en complétant les mots donnés en abrégé

---

**1.** *H.,* 45 *a., ing,* sportif, recherche partenaire pour jouer au tennis.

**2.** *J. F.,* 35 ans, *divorc.,* cherche amateur d'art pour visiter *expo.* ensemble et partager de bons moments.

**3.** Dame très *âg.* cherche jeune *pers.* pour l'aider à faire ses courses. Passionnée d'Antiquité, cherche aussi à participer à des conférences sur l'*hist.* Si vous êtes intéressé, *contact.* Pauline au 0198655410.

**1.** _____

_____

**2.** _____

_____

**3.** _____

_____

TOTAL : /10 poir

**3 Qui parle ? Reliez les phrases aux professions.**

1. On reprend la scène au début ! •          • **a.** un médecin

2. Je vous conseille les roses rouges. •      • **b.** un fleuriste

3. Je vais prendre votre tension. •           • **c.** un écrivain

4. J'ai décrit la passion de deux personnages. •   • **d.** un serveur

5. Et avec le café, ce sera ? •               • **e.** un cinéaste

Note : /5 points

**4 Trouvez les contraires.**

**1.** sympathique _____

**2.** paresseux _____

**3.** patient _____

**4.** tolérant _____

**5.** pessimiste _____

Note : /5 points

TOTAL : /10 points

**15** **Reliez les nationalités aux pays.**

1. Svetlana est russe. •                    • **a.** Grande-Bretagne

2. Juan est colombien. •                    • **b.** Japon

3. John est anglais. •                      • **c.** Colombie

4. Akiko est japonaise. •                    • **d.** Pérou

5. Alejandra est péruvienne. •              • **e.** Russie

Note : /5 poin

**16** **Rayez l'intrus.**

1. actrice – musicienne – coiffeuse – comédien

2. ingénieur – boulangère – mécanicien – jardinier

3. vendeur – chirurgien – comptable – journaliste

4. serveur – coiffeur – couturier – dessinateur

5. violoniste – pianiste – journaliste – flûtiste

Note : /5 poin

TOTAL : /10 poin

# 2 Les activités quotidiennes

**Cochez la bonne réponse.**

**1.** Il sonne le matin.

le signal ☐ le réveil ☐ le tocsin ☐

**2.** Dès qu'il sonne, je

me couche. ☐ me rhabille. ☐ me réveille. ☐

**3.** Ensuite, je

me lave. ☐ me rendors. ☐ me lève. ☐

**4.** Je vais à la salle de bains pour prendre

mon petit déjeuner. ☐ ma douche. ☐ des nouvelles. ☐

**5.** Après la douche, je me sèche avec

un gant de toilette. ☐ un torchon. ☐ une serviette de bains. ☐

**6.** Quand je mets mes vêtements, je

me déshabille. ☐ me rhabille. ☐ m'habille. ☐

**7.** Le matin, je prépare le

dîner. ☐ goûter. ☐ petit déjeuner. ☐

**8.** En général, je prends mon petit déjeuner dans

la chambre. ☐ la cuisine. ☐ le salon. ☐

**9.** Avant de partir au travail, je

me brosse les dents. ☐ me démaquille. ☐ me sèche les cheveux. ☐

**10.** Je suis secrétaire, je travaille

à l'université. ☐ dans un bureau. ☐ dans un atelier. ☐

TOTAL : /10 points

**2** **Reliez le mot ou l'expression à son contraire.**

1. perdre du temps •              • **a.** s'amuser

2. s'ennuyer •                    • **b.** gagner du temps

3. prendre son temps •           • **c.** être en retard

4. chercher •                     • **d.** se dépêcher

5. être en avance •               • **e.** trouver

Note : /5 point

**3** **Remplissez la grille à l'aide des définitions.**

1. Repas de midi.

2. Synonyme de se reposer.

3. Fin de la semaine :
samedi et dimanche.

4. Se compose de trois plats.
(On en prépare trois par jour.)

5. Repas du soir.

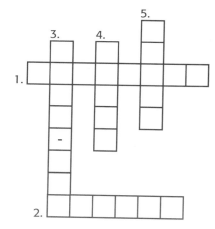

Note : /5 points

TOTAL : /10 points

**Complétez le texte avec :**

*embouteillages • pointe • accompagne • école • bureau*

Emploi du temps

Le matin, j' _____ les enfants à l' _____. Ensuite, je

me rends au _____ en voiture.

Le soir, quand je rentre, sur la route, il y a souvent des _____

aux heures de _____.

Note : /5 points

**Complétez le dialogue.**

– Bonjour madame, comment organisez-vous vos semaines ?

– Je travaille tous les jours de 8 h 00 à 17 h 00. Le midi, je d __ __ __ __ __ __

au r __ __ __ __ __ __ __ __ de l'entreprise alors que mes enfants vont à la

c __ __ __ __ __ __ de l'école.

Le soir, je prépare le dîner et nous nous retrouvons tous ensemble à table.

Je fais généralement les c __ __ __ __ __ __ le samedi matin au marché.

Nous employons une femme de m __ __ __ __ __ qui m'aide à entretenir la

maison.

Note : /5 points

TOTAL : /10 points

**6** **Cochez la bonne réponse.**

**1.** Le métro est un transport

    individuel. ☐        en commun. ☐        nocturne. ☐

**2.** J'utilise une carte mensuelle appelée carte

    rouge. ☐        bleue. ☐        orange. ☐

**3.** Lequel de ces transports n'est pas un transport en commun ?

    le taxi ☐        le bus ☐        le train ☐

**4.** Annie prend sa voiture pour aller au travail. Elle se retrouve souvent dans l

    enfantillages. ☐        embouteillages ☐        atterrissages. ☐

**5.** Le matin, à 8 heures, Marie

    va chercher les enfants. ☐        accompagne les enfants. ☐

    va coucher les enfants. ☐

**6.** Les étudiants

    visitent les cours. ☐        fréquentent les cours. ☐        suivent les cours. ☐

**7.** Le midi, ils ne rentrent pas à la maison, ils déjeunent à la

    cantine. ☐        boulangerie. ☐        ferme. ☐

**8.** À l'école primaire, on appelle la pause de 10 heures

    l'entracte. ☐        la récréation. ☐        l'intercours. ☐

**9.** Un professeur des écoles enseigne

    à l'université. ☐        à l'école primaire. ☐        au collège. ☐

**10.** À 16 heures, après l'école, les élèves prennent leur

    dîner. ☐        déjeuner. ☐        goûter. ☐

TOTAL :  /10 point

## Cochez vrai ou faux.

**1.** Un lave-linge est une variété de lessive.  vrai ☐  faux ☐

**2.** Un sèche-cheveux permet de se laver les cheveux.  vrai ☐  faux ☐

**3.** Le matin, avant de partir au travail, on fait son lit.  vrai ☐  faux ☐

**4.** Le dentifrice s'utilise pour laver la vaisselle.  vrai ☐  faux ☐

**5.** L'aspirateur sert à repasser les vêtements.  vrai ☐  faux ☐

Note : /5 points

## Cochez la bonne réponse.

**1.** Lequel de ces transports est un transport en commun ?

la voiture ☐  le vélo ☐  le bus ☐

**2.** On ne travaille pas quand on

fait la pause. ☐  est en réunion. ☐  a un entretien. ☐

**3.** Laquelle de ces activités n'appartient pas au domaine du ménage ?

faire la vaisselle ☐  laver le linge ☐  réveiller les enfants ☐

**4.** Que font les enfants le soir, après l'école ?

leurs devoirs ☐  leurs lectures ☐  leurs leçons ☐

**5.** Le matin, au petit déjeuner, j'aime écouter

la radio. ☐  la télé. ☐  la voix. ☐

Note : /5 points

TOTAL : /10 points

**9** **Associez les dessins et les phrases.**

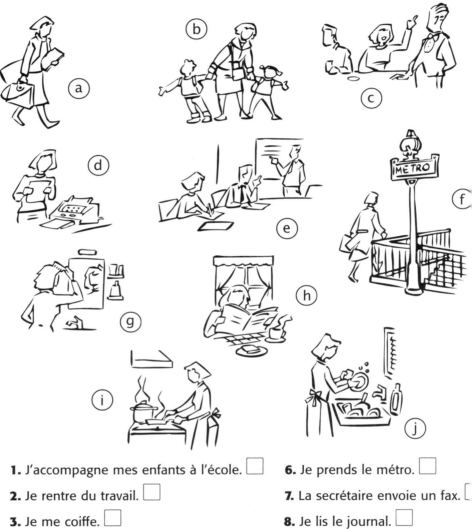

**1.** J'accompagne mes enfants à l'école. ☐

**2.** Je rentre du travail. ☐

**3.** Je me coiffe. ☐

**4.** Je commande un café. ☐

**5.** Je prépare le dîner. ☐

**6.** Je prends le métro. ☐

**7.** La secrétaire envoie un fax. ☐

**8.** Je lis le journal. ☐

**9.** Je suis en réunion. ☐

**10.** Je fais la vaisselle. ☐

TOTAL: /10 poin

**Reliez les deux parties de la phrase.**

1. Au petit déjeuner, •    • **a.** les enfants regardent la télé.

2. Jean est végétarien, •    • **b.** on débarrasse la table.

3. Après le dîner, •    • **c.** il ne mange pas de viande.

4. En rentrant de l'école, •    • **d.** je prends un bol de lait.

5. De temps en temps, •    • **e.** nous ouvrons une bonne bouteille.

Note : /5 points

**Retrouvez, dans cette grille, les cinq mots suivants :**

*laver • ranger • lessive • repassage • aspirer*

| I | R | V | O | L | U | R | E |
|---|---|---|---|---|---|---|---|
| L | E | S | S | I | V | E | S |
| U | P | G | V | S | S | T | N |
| D | A | S | P | I | R | E | R |
| K | S | R | Y | Q | P | O | A |
| F | S | A | J | L | M | B | N |
| L | A | V | E | R | I | P | G |
| S | G | U | E | T | T | E | E |
| I | E | P | O | N | G | E | R |

Note : /5 points

TOTAL : /10 points

**12** Rébus. Retrouvez deux mots en rapport avec la toilette.

? EIOUY

**1.** _____

2

W.-C.

**2.** _____

Note: /5 point

**13** Notez de 1 à 5 pour remettre ces actions dans l'ordre logique.

**1.** ranger le linge ☐

**2.** laver le linge ☐

**3.** repasser le linge ☐

**4.** étendre le linge ☐

**5.** ramasser le linge ☐

Note: /5 point

TOTAL: /10 point

# 3 Les loisirs

**Complétez le texte.**

Retransmission d'un match de foot.

Ce soir, au s _ _ _ _ de France, deux é _ _ _ _ _ _ disputent un

m _ _ _ _ important. Il s'agit de la qualification pour la c _ _ _ _ du

monde.

Pour l'instant, après 20 minutes de jeu, le s _ _ _ _ est de 0 à 0.

Note : /5 points

**Cochez la bonne réponse.**

**1.** Quand on ne participe pas à des compétitions, on est

amoureux. ☐ amateur. ☐ ami. ☐

**2.** Je mets mon bonnet et mon maillot de bain pour aller à la

montagne. ☐ pêche. ☐ piscine. ☐

**3.** La randonnée se fait

en salle. ☐ dans un stade. ☐ en forêt. ☐

**4.** Lequel de ces spectacles n'est pas musical ?

une comédie musicale ☐ une comédie ☐ un concert ☐

**5.** À la télé, je regarde tous les jours

mon canal préféré. ☐ mon feuilleton préféré. ☐

ma publicité préférée. ☐

Note : /5 points

TOTAL : /10 points

**3** **Reliez la phrase au genre de film qui correspond.**

1. Le film est triste. •     • **a.** C'est une comédie.

2. Il y a beaucoup d'effets spéciaux. •     • **b.** C'est un policier.

3. C'est un film qui raconte l'histoire de Paris. •     • **c.** C'est un film d'horreur.

4. L'histoire et les personnages sont drôles. •     • **d.** C'est un drame.

5. Il y a du suspense dans le film. •     • **e.** C'est une fresque historiqu

Note: /5 poin

**4** **Reliez l'adjectif à son contraire.**

1. ordinaire •     • **a.** comique

2. intéressant •     • **b.** fatigant

3. reposant •     • **c.** divertissant

4. instructif •     • **d.** extraordinaire

5. dramatique •     • **e.** ennuyeux

Note: /5 poin

TOTAL: /10 poin

**Charade.**

Mon premier est le chiffre qui vient après le 9.

Mon deuxième est la couleur symbolique des écologistes.

Mon troisième est le verbe *tisser* conjugué à la première personne du singulier, au présent de l'indicatif.

Mon quatrième ne dit pas la vérité, il …

Mon tout me fait oublier le travail, c'est le _____

Note: /5 points

**En vous aidant des indices, retrouvez, dans cette grille, cinq mots qui se rapportent aux loisirs.**

**1.** Endroit qu'on visite pour voir une exposition.

**2.** Endroit où des comédiens jouent.

**3.** On peut y lire de belles histoires.

**4.** On y écoute de la musique.

**5.** Il passe à la télévision ou au cinéma.

| K | F | C | N | I | J | M |
|---|---|---|---|---|---|---|
| E | L | O | D | M | L | U |
| O | G | N | O | B | I | S |
| H | P | C | U | U | V | E |
| T | H | E | A | T | R | E |
| L | I | R | N | A | E | I |
| A | U | T | F | I | L | M |

Note: /5 points

TOTAL: /10 points

**7** Reliez les phrases aux questions.

1. Nous avons trouvé la pièce formidable. •
2. L'histoire de ce film était sombre. •
3. Le pianiste a fait une brillante interprétation. •
4. Les acteurs étaient extraordinaires ! •
5. Le film était violent. •

• **a.** Qui joue dans ce film ?

• **b.** C'était un drame psychologique ?

• **c.** Est-il interdit aux moins de 12 ans ?

• **d.** Le concert était intéressant ?

• **e.** Vous êtes allés au théâtre ?

Note : /5 poin

**8** Complétez le dessin avec :

*scène • rideau • fauteuil • spectateur • comédien*

Note : /5 poin

TOTAL : /10 poin

# Cochez la bonne réponse.

**1.** Avant de partir en voyage, je

défais mes bagages. ☐        fais mes bagages. ☐        refais mes bagages. ☐

**2.** Pour connaître le pays que je visite, j'achète un

recueil de nouvelles. ☐        guide touristique. ☐        livre de cuisine. ☐

**3.** J'aime l'histoire, je visite les

monuments historiques. ☐        hôtels. ☐        plages. ☐

**4.** Je préfère passer mes vacances dans la nature.

Je vais à l'hôtel. ☐        Je fais du camping. ☐        Je vais en ville. ☐

**5.** J'écris à mes amis, je leur envoie des

photos. ☐        livres. ☐        cartes postales. ☐

**6.** J'aime goûter les spécialités du pays que je visite. Je m'intéresse à

la gastronomie. ☐        l'astronomie. ☐        la photographie. ☐

**7.** Quand je rentre de voyage, je rapporte des

souvenirs. ☐        monuments. ☐        spectacles. ☐

**8.** À l'aéroport, mes bagages sont

déclarés. ☐        enregistrés. ☐        gardés. ☐

**9.** Pour voyager à l'étranger, je dois présenter

mon permis de conduire. ☐        mon passeport. ☐        ma carte bancaire. ☐

**10.** Dès que j'arrive chez moi, je

refais ma valise. ☐        ferme ma valise. ☐        défais ma valise. ☐

TOTAL : /10 points

**10 Complétez le texte.**

Embrassez-vous !

Le film qui est sorti sur tous les écrans, dans toutes les s _ _ _ _ s mercre

dernier, remporte un grand succès. Les acteurs sont parfaitement dirigés par l

r _ _ _ _ _ _ _ _ _ r qui a monté une comédie très drôle.

Il est important de rappeler que le s _ _ _ _ _ _ o du film est une

adaptation d'une pièce de théâtre d'un auteur anglais. Les quiproquos et le

comique de s _ _ _ _ _ _ _ n se bousculent au fil de l'histoire. Pour

conclure, si vous voulez vous d _ _ _ _ _ _ _ e, n'hésitez pas à aller le

voir !

Note : /5 poin

**11 Cochez la bonne réponse.**

**1.** Je joue dans une troupe de

         peintres. ☐      footballeurs. ☐      théâtre. ☐

**2.** On va au cinéma à la

   représentation de 14 h. ☐      scène de 14 h. ☐      séance de 14 h. ☐

**3.** Amélie aime s'occuper des fleurs, elle

         jardine. ☐      coupe. ☐      fleurit. ☐

**4.** Franck préfère

         travailler. ☐      rouler. ☐      bricoler. ☐

**5.** Une croisière, c'est un voyage

         à la montagne. ☐      en forêt. ☐      en bateau. ☐

Note : /5 poin

TOTAL : /10 poin

**Associez les dessins et les mots.**

voile ☐  **2.** natation ☐  **3.** ski alpin ☐  **4.** volley-ball ☐  **5.** danse classique ☐

Note: /5 points

**Complétez le tableau.**

| tennis | balle | r _____ | short |
|--------|-------|------------------|-------|
| é_____ | champ de course | cheval | bottes |
| boxe | r _____ | gants | short |
| n _____ | piscine | bonnet | maillot |
| football | terrain | b _____ | crampons |

Note: /5 points

TOTAL: /10 points

**14** Cochez la bonne réponse.

**1.** Jean aime la formule 1 et il participe à des

défilés. ☐      courses. ☐      tournois. ☐

**2.** Il a gagné

une bouteille de champagne. ☐      un album-photo. ☐      un trophée. ☐

**3.** Au judo, Amélie a obtenu

une médaille. ☐      un médaillon. ☐      une broche. ☐

**4.** On a dansé toute la nuit, on a passé une nuit

noire. ☐      rouge. ☐      blanche. ☐

**5.** Le dimanche, je ne fais rien, je me

dépêche. ☐      repose. ☐      fatigue. ☐

**6.** Parfois, le dimanche, quand il fait beau, je

fais du traîneau. ☐      fais du vélo. ☐      mange des gâteaux. ☐

**7.** De quel animal a-t-on besoin pour faire de l'équitation ?

d'un chien ☐      d'un cheval ☐      d'une brebis ☐

**8.** Dans un musée, on visite une

installation. ☐      exposition. ☐      préparation. ☐

**9.** Le tennis se pratique

dans une piscine. ☐      sur un court. ☐      dans la cour de l'école. ☐

**10.** Le golf est un sport

de combat. ☐      individuel. ☐      nautique. ☐

TOTAL : /10 poin

# 4 Les vêtements

**Complétez les dessins avec :**

*chaussures • chemisier • veste • jupe • pantalon*

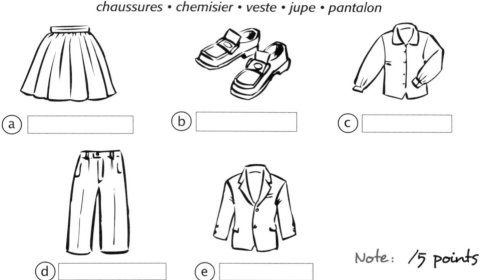

(a) [                    ]

(b) [                    ]

(c) [                    ]

(d) [                    ]

(e) [                    ]

Note: /5 points

**Complétez les phrases.**

**1.** Le sac, le chapeau et les gants sont des *a* _ _ _ _ _ _ _ _ _ es.

**2.** Le collier, les boucles d'oreilles et le bracelet sont des *b* _ _ _ _ _ x.

**3.** Pour protéger mon cou du froid, je porte un *f* _ _ _ _ _ d.

**4.** Madame, vous préférez les chaussures plates ou à *t* _ _ _ _ s.

**5.** Si vous le trouvez trop petit, vous pouvez essayer la *t* _ _ _ _ e au-dessus.

Note: /5 points

TOTAL: /10 points

**3** **Associez les dessins et les mots.**

**1.** col roulé ☐     **2.** col en V ☐     **3.** ras du cou ☐
         **4.** décolleté ☐     **5.** col cheminée ☐

Note : /5 poir

**4** **Cochez la bonne réponse.**

**1.** Avant de mettre mes chaussures, j'enfile

ma cravate. ☐     mes chaussettes. ☐     mes bottes. ☐

**2.** Quand il pleut, je mets

mon pull. ☐     mon imperméable. ☐     ma blouse. ☐

**3.** Pour faire tenir mon pantalon, je mets

un lacet. ☐     une ceinture. ☐     un nœud papillon. ☐

**4.** Pour faire du sport, je porte un

smoking. ☐     survêtement. ☐     tailleur. ☐

**5.** Quand un pantalon et une veste sont assortis, c'est un

assortiment. ☐     costume. ☐     coordonné. ☐

Note : /5 poir

TOTAL : /10 poin

**Entourez cinq vêtements pour composer une tenue de sport.**

Note: /5 points

**Complétez le dialogue avec :**

*repassée • imperméable • penderie • assorties • roulé*

– Chérie, où as-tu mis ma chemise ?

– Mais elle est à sa place, dans la _____.

– Non, je cherche la bleue.

– Ah oui, elle n'y est pas, elle n'a pas été _____.

– Je ne peux pas la mettre, alors ?

– Mets plutôt un pull.

– Col en V ou col _____ ?

– Col en V, ça va mieux avec la veste.

– Tu es très beau comme ça, les couleurs sont _____ ; il pleut,

n'oublie pas ton _____.

Note: /5 points

TOTAL: /10 points

**7** **Rayez l'intrus.**

   **1.** blouson – manteau – écharpe – veste

   **2.** ensemble – jeans – tailleur – costume

   **3.** escarpins – bottes – jupe – tennis

   **4.** pull – T-shirt – chemise – pantalon

   **5.** gants – sandales – bonnet – bottes

Note : /5 poi

**8** **Entourez cinq vêtements ou accessoires pour composer une tenue de soir**

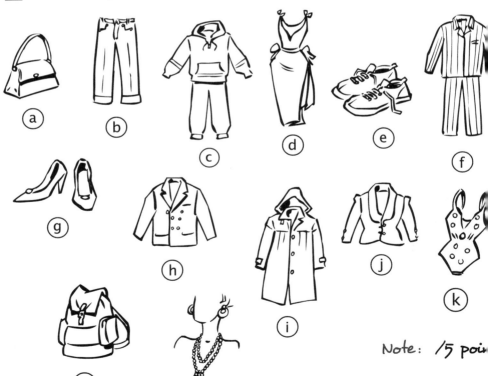

Note : /5 poi

TOTAL : /10 poi

**Remplissez la grille à l'aide des définitions et trouvez des vêtements que l'on porte lors d'un séjour à la montagne.**

**1.** Vêtement chaud que l'on

porte en hiver.

**2.** Tenue que l'on met pour skier.

**3.** Accessoires qui protègent les

mains du froid.

**4.** On le porte sous une combinaison

pour avoir chaud.

**5.** On le met sur la tête.

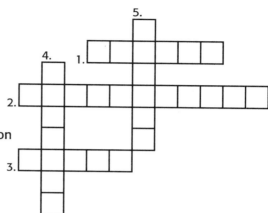

Note : /5 points

**Reliez les mots à leur contraire.**

|  |  |
|---|---|
| **1.** démodé • | • **a.** plates |
| **2.** chaussures à talons • | • **b.** imprimé |
| **3.** style chic • | • **c.** décontracté |
| **4.** vêtement léger • | • **d.** à la mode |
| **5.** tissu uni • | • **e.** chaud |

Note : /5 points

TOTAL : /10 points

**11** **Reliez les phrases.**

**1.** J'ai froid. •                    • **a.** Elles sont un peu sombres.

**2.** Que penses-tu de ma nouvelle tenue ? •    • **b.** Mets un pull !

**3.** Tu aimes les couleurs de ma tunique ? •    • **c.** Je chausse du 39.

**4.** Cette jupe est un peu longue. •    • **d.** Non, c'est un modèle unique

**5.** Quelle pointure faites-vous ? •    • **e.** Elle te va bien.

**6.** Avez-vous le même en rouge ? •    • **f.** Celle-là est plus courte !

Note : /6 poi

**12** **Charades.**

**1.** Mon premier est le contraire de propre.
Mon deuxième sort du robinet.
Mon troisième est la dernière syllabe du
mot *répète*.
Mon tout est un vêtement porté par les
enfants. C'est une _____

**2.** Mon premier est un article indéfini pluriel.
Mon deuxième est un chanteur et musicien
gaulois.
Mon troisième est une unité de temps qui
correspond à 60 minutes.
Mon tout est un haut sans manches qu'on
porte en été. C'est un _____

Note : /4 poi

TOTAL : /10 poi

**Retrouvez le type de tissus en associant les dessins aux mots.**

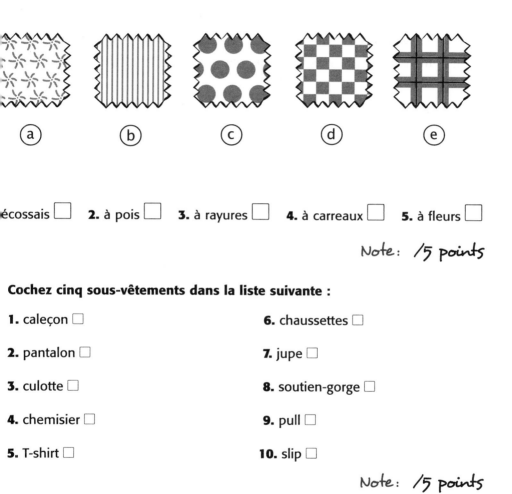

1. écossais ☐    **2.** à pois ☐    **3.** à rayures ☐    **4.** à carreaux ☐    **5.** à fleurs ☐

Note : /5 points

**Cochez cinq sous-vêtements dans la liste suivante :**

**1.** caleçon ☐                          **6.** chaussettes ☐

**2.** pantalon ☐                         **7.** jupe ☐

**3.** culotte ☐                          **8.** soutien-gorge ☐

**4.** chemisier ☐                        **9.** pull ☐

**5.** T-shirt ☐                          **10.** slip ☐

Note : /5 points

TOTAL : /10 points

**15 Complétez le monologue avec :**

*tenue • fourrure • mettre • habiller • bottes*

Qu'est-ce que je vais _____ aujourd'hui ?

Je ne sais plus comment m'_____, ça devient vraiment difficile !

Comme il fait froid, je vais prendre mes _____ et mon manteau (

_____.

Il ne me reste plus qu'à trouver un pantalon et un pull pour compléter la

_____.

Note: /5 poin

**16 Rayez l'intrus.**

**1.** pyjama – chemise de nuit – peignoir – robe

**2.** pantoufles – manteau – chaussettes – chaussures

**3.** collants – bas – polo – socquettes

**4.** jupe – survêtement – jogging – short

**5.** bermuda – imperméable – blouson – anorak

Note: /5 poin

TOTAL: /10 poi

# 5 Les courses

**Complétez le texte.**

Je veux faire des crêpes, mais je n'ai plus de *l* __ __ __ ni de *b* __ __ __ __ __

dans le réfrigérateur.

Il me reste une douzaine d'œ __ __ __ , ça suffira.

Ah, oui ! j'oubliais la *f* __ __ __ __ __ pour la pâte !

Je pars faire les courses chez l'é __ __ __ __ __ __.

Note : /5 points

**Cochez la bonne réponse.**

**1.** Je peux l'acheter en poudre ou en morceaux.

la farine ☐      le sucre ☐      le sel ☐

**2.** Elle assaisonne la salade.

la béchamel ☐      la mousse au citron ☐      la vinaigrette ☐

**3.** Je peux en mettre dans la vinaigrette.

de la moutarde ☐      des cornichons ☐      du cumin ☐

**4.** Lequel de ces produits n'est pas un produit laitier ?

le lait de soja ☐      la crème fraîche ☐      le yaourt ☐

**5.** Quand je saupoudre, c'est avec

du riz. ☐      du sucre. ☐      de la crème. ☐

Note : /5 points

TOTAL : /10 points

**3** **Associez les aliments aux rayons du supermarché.**

**1.** produits frais : _____

**2.** viande : _____

**3.** hygiène : _____

**4.** fruits et légumes : _____

**5.** confiserie : _____

**6.** alimentation : _____

TOTAL : /10 poir

**Complétez le dialogue avec :**

*eau gazeuse • pizzas • livrée • bon appétit • champignons*

L'EMPLOYÉ : Allô, livraison à domicile, bonjour !

LA CLIENTE : Bonjour, j'aimerais commander un plat pour ce soir. Que proposez-vous ?

L'EMPLOYÉ : Nous avons des _____ surgelées.

LA CLIENTE : Elles sont à quoi ?

L'EMPLOYÉ : Nous en avons aux poivrons, aux calamars et aux _____.

LA CLIENTE : Je vais prendre les trois, s'il vous plaît.

L'EMPLOYÉ : Très bien. Vous désirez également une boisson ?

LA CLIENTE : Oui, je prendrai un litre d'_____.

L'EMPLOYÉ : Rappelez-moi votre adresse, madame…

LA CLIENTE : C'est le 16, rue Princesse, à Paris, dans le sixième, au dernier étage, porte gauche.

L'EMPLOYÉ : Bien, vous serez _____ dans une demi-heure,

_____ !

Note : /5 points

**Écrivez ce qu'il y a dans le réfrigérateur.**

**1.** du p _ _ _ _ _ _ _ surgelé

**2.** un litre de l _ _ _ _

**3.** 4 y _ _ _ _ _ _

**4.** une s _ _ _ _ _ _ et des

h _ _ _ _ _ _ _ verts

Note : /5 points

TOTAL : /10 points

**6** **Retrouvez, dans cette grille, cinq produits ou éléments que l'on trouve dans un supermarché.**

| C | O | K | V | O | I | N | Y |
|---|---|---|---|---|---|---|---|
| A | L | E | G | U | M | E | S |
| I | U | Q | U | A | R | T | A |
| S | C | F | R | U | I | T | C |
| S | S | H | G | T | R | E | A |
| E | Q | U | L | P | R | I | X |
| O | I | W | V | M | J | I | R |

Note : /5 poin

**7** **Cochez la bonne réponse.**

**1.** Dans lequel de ces magasins achète-t-on du papier à lettres ?

à l'épicerie ☐        à la papeterie ☐        à la parfumerie ☐

**2.** Où trouve-t-on le quotidien ?

au supermarché ☐        à la station-service ☐        au kiosque ☐

**3.** Où donne-t-on ses vêtements à nettoyer ?

chez la couturière ☐        au magasin de vêtements ☐        au pressing ☐

**4.** Où achète-t-on des livres ?

dans une librairie ☐        dans une bibliothèque ☐        dans un cinéma ☐

**5.** Où trouve-t-on des œufs ?

chez le boulanger ☐        chez le crémier ☐        chez le pharmacien ☐

Note : /5 poin

TOTAL : /10 poin

## Complétez le dialogue avec :

*vente • fois • coûte • modèles • garanti*

Le client : Bonjour monsieur, j'aimerais acheter un lecteur de DVD.

Le vendeur : Oui monsieur, si vous voulez bien me suivre, je vais vous montrer

plusieurs _____.

Le client : Celui-là me plaît, combien _____-t-il ?

Le vendeur : Son prix est de 400 euros.

Le client : Ah, je regrette, je ne peux pas payer la totalité du prix ce mois-ci.

Le vendeur : Aucun problème, monsieur, nous proposons des facilités de

paiement. Vous pouvez régler en trois _____, sans frais. Je vous

rappelle que cet appareil est _____ deux ans. Si vous avez besoin

d'une réparation, vous contactez le service après-_____

Le client : Merci beaucoup, je le prends.

Le vendeur : Vous ne serez pas déçu, monsieur !

Note : /5 points

## Écrivez les mots qui conviennent.

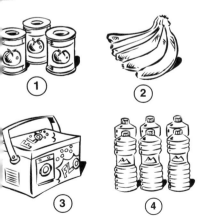

**1.** 3 *b* _ _ _ _ _ _ de sauce tomate

**2.** un kilo de *b* _ _ _ _ _ _ _

**3.** un baril de *l* _ _ _ _ _ _ _

**4.** six *b* _ _ _ _ _ _ _ _ _ _ d'eau

**5.** un tube de *d* _ _ _ _ _ _ _ _ _ _

Note : /5 points

TOTAL : /10 points

**10** **Reliez les phrases.**

**1.** Ce bouquet est à offrir pour une occasion particulière ? •

**2.** Je ne sais pas quoi offrir à ma tante pour sa fête... •

**3.** Vous pouvez faire un paquet-cadeau ? •

**4.** Je me demande quel T-shirt mon fils préférera... •

**5.** Regarde ce qu'on m'a offert... •

• **a.** Je te recommande un coffret de parfums, ils ont du succès.

• **b.** Oui, c'est pour un anniversair

• **c.** Quelle est sa couleur préférée

• **d.** Tu as de la chance !

• **e.** Bien sûr, en papier doré ou argenté ?

Note : /5 poin

**11** **Complétez les mots.**

**1.** des b _ _ _ _ _ _ _

**2.** des c _ _ _ _ _ _ _ _ _

**3.** un p _ _ _ de campagne

**4.** des b _ _ _ _ _ _ _

**5.** des pains au c _ _ _ _ _ _ _

Note : /5 poin

TOTAL : /10 poin

**2 Retrouvez les mots figurant sur le ticket de caisse.**

```
~~~~~~~~~~~~~~~~~~~~~~~~~~~~~~

      SUPERMARCHÉ TRÉSOR

--------------------------------

1. bout. d'eau:            1.30
2. tom.400 g:              2.10
3. camem.:                 1.85
4. from. blanc:            2.05
5. sal.:                   0.90
--------------------------------
TOTAL:                     8.20


Merci de votre visite...

~~~~~~~~~~~~~~~~~~~~~~~~~~~~~~
```

**1.** _____ d'eau

**2.** _____ 400 g

**3.** _____

**4.** _____ blanc

**5.** _____

Note : /5 points

**3 Complétez le dialogue avec :**

cuir • ouverture • bottes • essayées • pointure

ÉLISE : Annie, tu sais que les soldes commencent la semaine prochaine ?

ANNIE : Oui, d'ailleurs, j'ai repéré une paire de _____.

ÉLISE : Comment sont-elles ?

ANNIE : Elles sont tout en _____ et leur prix est réduit de 50 % !

ÉLISE : Tu les as _____, elles te vont ?

ANNIE : Oui, elles sont très confortables et j'espère qu'il y aura encore ma

_____.

ÉLISE : Dans ce cas, il faut que tu te dépêches, vas-y dès l' _____

du magasin.

Note : /5 points

TOTAL : /10 points

**14** **Complétez le texte du distributeur.**

**1.** Mettez vos *p* _ _ _ _ _.

**2.** Cet appareil rend la *m* _ _ _ _ _ _

**3.** Faites votre *c* _ _ _ _ _

**4.** *s* _ _ _ _ _ _ _ _

**5.** *c* _ _ _ _ _ _ _ - *g* _ m

Note: /5 poin

**15** **Cochez cinq aliments que vous emportez pour un pique-nique.**

**1.** des cornichons ☐

**2.** une baguette ☐

**3.** une glace à la vanille ☐

**4.** des tomates ☐

**5.** des chips ☐

**6.** un sachet de levure ☐

**7.** un poulet rôti ☐

**8.** de la farine ☐

Note: /5 point

TOTAL: /10 point

# 6 La maison

**Complétez l'annonce avec :**

*étage • ascenseur • balcon • immeuble • séjour • station*

*appartement • agréable • pièces • cuisine*

A _ _ _ _ _ _ _ _ _ _ _ _
à vendre.
5 p _ _ _ _ _ _ , beau
s _ _ _ _ _ _ avec
b _ _ _ _ _ _ , situé au
3ᵉ é _ _ _ _ _
sans a _ _ _ _ _ _ _ _ _ ,
c _ _ _ _ _ _ _ équipée
dans i _ _ _ _ _ _ _ _ _
pierre de taille.
Quartier a _ _ _ _ _ _ _ _ ,
proche de la s _ _ _ _ _ _ _ de
métro.

TOTAL :  /10 points

**2** **Complétez le texte.**

L'appartement possède une e __ t __ __ e spacieuse. Vous trouverez au fond

du c __ __ __ __ __ r une première c __ __ __ __ __ e ; il y en a trois en tout,

c'est un quatre pièces.

Le salon donne sur le j __ __ __ __ n qui est fleuri toute l'année.

La cuisine est ensoleillée le matin : elle est située sur la face e __ t de

l'immeuble.

Note : /5 poin

**3** **Retrouvez la petite annonce qui correspond à la description.**

**1.** Gd. 3 p.,

proche centre ds imm. P.d.t.,

au R.D.C., calme.

Loyer : 1300 euros c.c.

**2.** Studio, 5e ét., ss asc.

Pte. cuis. et s.d.b.,

dans imm. calme et quartier comm.

Loyer : 400 euros c.c.

**3.** Pt. 2 p., 5e ét. avec asc. Gde. s.d.b.,

près du métro.

Comm. à proxi.

Loyer : 900 euros c.c.

Mon appartement est très petit mais confortable. Il est équipé d'une jolie

cuisine et d'une petite salle de bain. Il est bien situé : je peux trouver tous les

commerçants en bas de mon immeuble. Son seul défaut, c'est qu'il n'y a pas

d'ascenseur ! _____

Note : /5 point

TOTAL : /10 point

## Cochez vrai ou faux.

**1.** Le couloir est une très grande pièce.　　vrai ☐　　faux ☐

**2.** Il y a un canapé dans une salle à manger.　　vrai ☐　　faux ☐

**3.** Toutes les chambres ont un lit.　　vrai ☐　　faux ☐

**4.** Une lampe de chevet se met dans une cuisine.　　vrai ☐　　faux ☐

**5.** La baignoire se trouve dans la salle de bains.　　vrai ☐　　faux ☐

Note: /5 points

## Remplissez la grille à l'aide des définitions.

**1.** Pièce où l'on travaille.

**2.** Étage situé sous le rez-de-chaussée.

**3.** Pièce où l'on discute avec ses invités.

**4.** Petite terrasse.

**5.** Lieu où l'on prépare à manger.

Note: /5 points

TOTAL: /10 points

**6** **Cochez la bonne réponse.**

1. Où as-tu mis les fleurs ?

dans une bouteille ☐        dans un vase ☐        dans un verre ☐

2. Ils sont suspendus aux fenêtres.

les volets ☐        les bibelots ☐        les rideaux ☐

3. Il est sur le lit et on pose la tête dessus.

le nounours ☐        l'oreiller ☐        le tapis ☐

4. Siège haut qui n'a pas de dossier.

un tabouret ☐        un pouf ☐        une balançoire ☐

5. Objet dans lequel on se regarde.

une vitrine ☐        un miroir ☐        une fenêtre ☐

Note : /5 poin

**7** **Reliez les phrases.**

1. Nous allons dans notre maison de campagne. •        • **a.** Vous n'avez pas de garage ?

2. Nous allons faire construire une piscine. •        • **b.** Vous avez une cave ?

3. Nous laissons notre véhicule dehors. •        • **c.** Vous avez un grand jardin ?

4. Les enfants ont leur propre pièce pour s'amuser. •        • **d.** Vous y passez vos vacances ?

5. Nous avons plus de 200 bouteilles de vin. •        • **e.** Ils ont une salle de jeux ?

Note : /5 poin

TOTAL : /10 poin

**Dites où se trouve le chat.**

**1.** devant la cheminée ☐    **2.** sur le toit ☐    **3.** à la cave ☐
**4.** dans les escaliers ☐    **5.** dans le couloir ☐

Note: /5 points

**Cochez vrai ou faux.**

**1.** On trouve des brosses à dents dans une salle de bains.

vrai ☐        faux ☐

**2.** On appelle *parquet* un revêtement en bois sur le sol.

vrai ☐        faux ☐

**3.** On installe un portemanteau dans la cuisine.

vrai ☐        faux ☐

**4.** Les poutres sont placées sur le sol.

vrai ☐        faux ☐

**5.** On range les livres dans la bibliothèque.

vrai ☐        faux ☐

Note: /5 points
TOTAL: /10 points

**10 Reliez chaque verbe à son contraire.**

1. allumer •                       • **a.** rester à la maison

2. descendre •                   • **b.** emménager

3. déménager •                  • **c.** fermer

4. sortir •                          • **d.** monter

5. ouvrir •                         • **e.** éteindre

Note : /5 poin

**11 Complétez le texte.**

Avis de travaux dans l'immeuble

Les *p* _ _ *p* _ _ _ _ _ _ _ _ _ *s* et les *l* _ _ *a* _ _ _ _ _ _ *s* de
l'immeuble sont informés que, pour cause de *tr* _ _ _ _ _ *x*,
l' _ *sc* _ _ _ _ _ _ *r* ne pourra pas être utilisé.
Vous êtes priés de prendre l' _ _ _ _ _ *l* _ *e* _ de service pendant toute la
durée des travaux.
Nous regrettons la gêne occasionnée et vous remercions de votre
compréhension.

Note : /5 poin

TOTAL : /10 poin

**Rayez l'intrus.**

**1.** fauteuil – tableau – lave-linge – canapé – tapis

**2.** couverture – lit – évier – draps – lampe

**3.** lave-vaisselle – douche – four – congélateur – placard

**4.** voiture – télé – garage – vélo – réserve

**5.** chaise – canapé – banc – étagère – tabouret

Note: /5 points

**Associez les dessins et les mots.**

**1.** poubelle ☐     **2.** balai ☐     **3.** aspirateur ☐     **4.** panier ☐
**5.** pile de journaux ☐

Note: /5 points

TOTAL: /10 points

**14 Cochez la bonne réponse.**

**1.** Les légumes surgelés sont dans le

placard. ☐         congélateur. ☐         jardin. ☐

**2.** Pose le livre sur

l'évier. ☐         le lavabo. ☐         l'étagère. ☐

**3.** Lequel de ces objets n'est pas un meuble ?

la commode ☐         le coussin ☐         la table de chevet ☐

**4.** Une vieille maison se

réhabilite. ☐         restaure. ☐         refait. ☐

**5.** On pose un vase sur

une chaise. ☐         un évier. ☐         une table. ☐

**6.** On pose une nappe sur

une table. ☐         un fauteuil. ☐         un lit. ☐

**7.** Dans l'entrée, il y a

une commode. ☐         un portemanteau. ☐         un porte-serviettes. ☐

**8.** Quand on déménage, on

achète une maison. ☐         vend sa maison. ☐         change de maison. ☐

**9.** La facture d'électricité, c'est ce qu'on doit

payer. ☐         acheter. ☐         vendre. ☐

**10.** Quand on est locataire, on

reçoit un loyer. ☐         paye un loyer. ☐         rembourse un crédit. ☐

TOTAL : /10 point

# 7 La famille

**Complétez le texte avec :**

*fille • mariée • mari • parents • neveu • belle-sœur • petits-enfants*
*beaux-parents • nièce • fils*

Jean          Ariane

Annie

Marc

Christelle

Sylvain

Maeva

Jean et Ariane sont les _____ de Marc et Annie.

Marc est le _____ de Christelle. Annie est la _____ de

Christelle.

Jean et Ariane sont les _____ de Christelle.

Sylvain et Maeva sont les _____ de Jean et Ariane.

Maeva est la _____ de Marc et la _____ d'Annie.

Sylvain est le _____ de Christelle et le _____ d'Annie.

Annie, elle, n'est pas _____.

TOTAL:   /10 points

**2** **Qui parle ? Reliez les phrases aux personnes.**

1. Bonjour papi ! •       • **a.** un père à son fils

2. Tu viens, Nicolas ! •       • **b.** une fille à sa mère

3. Je ne suis pas prête, maman ! •       • **c.** des enfants à leur cousin

4. Oh merci, tata ! •       • **d.** un petit-fils à son grand-père

5. Tu viens jouer avec nous, Félix ? •       • **e.** un enfant à sa tante

Note: /5 poin

**3** **Complétez le texte avec :**

*aîné • oncles • parents • famille • cousins*

Hier, nous avons eu un grand repas de _____. Tout le monde

était là. Mes grands-_____, mes tantes et mes _____.

Nous avons beaucoup discuté avec mes _____ qui font leurs

études à l'étranger.

Mon frère, qui est le plus âgé de tous les cousins, était l' _____ du

groupe.

Ils sont restés chez nous tout le week-end.

Note: /5 poin

TOTAL: /10 poin

**Charades.**

**1.** Mon premier est un présentatif. Quand on présente quelqu'un, on dit …

Mon deuxième est la deuxième note de la gamme.

Mon troisième est un élément de la phrase.

Mon quatrième est une négation.

Mon tout est une grande fête. _____

**2.** Mon premier est un adjectif possessif.

Mon deuxième est un verbe au présent. Ce spectacle est drôle, on …

Mon troisième ne se demande pas à une inconnue.

Mon tout est l'union de deux personnes qui s'aiment. _____

Note : /5 points

**Remplissez la grille à l'aide des définitions.**

**1.** Premier jour de vie.

**2.** Ils ressemblent aux parents.

**3.** Chose qu'on ne demande pas

à une inconnue.

**4.** Petit individu qui ne parle pas

encore.

**5.** Ils sont responsables de

leurs enfants.

Note : /5 points

TOTAL : /10 points

**6** **Complétez le texte avec :**

*admirateurs • famille • funérailles • enterré • cimetière*

Le grand-père de Jérôme, qui était un grand cinéaste, a eu des

_____ nationales.

Il a été _____ au _____ du Père Lachaise, à

Paris.

Toute sa _____ était aux obsèques, ainsi que de nombreux

_____. Sa tombe était très fleurie.

Le président a même tenu un discours en son hommage.

Note : /5 poin

**7** **Reliez la phrase à la date qui convient.**

1. Il est mort le 15 octobre 2002. •          • **a.** date de naissance

2. Il est né le 4 août 1996. •          • **b.** date de son examen

3. Elle a passé son bac en 2000. •          • **c.** date de leur séparation

4. Ils se sont mariés le 2 août 2001. •          • **d.** date de décès

5. Ils se sont quittés le 24 décembre 1999. •          • **e.** date de mariage

Note : /5 poin

TOTAL : /10 poin

**Notez de 1 à 5 pour remettre l'histoire dans l'ordre.**

**1.** Marie et Jacques se séparent. ☐

**2.** Marie accouche de son deuxième enfant. ☐

**3.** Marie rencontre Jacques pour la première fois chez des amis. ☐

**4.** Marie est enceinte de son premier enfant. ☐

**5.** Marie et Jacques se marient. ☐

Note : /5 points

**Cochez vrai ou faux.**

**1.** Les beaux-parents sont les parents du conjoint.      vrai ☐      faux ☐

**2.** Une jeune fille de 20 ans est une adolescente.      vrai ☐      faux ☐

**3.** À 30 ans, Hélène est une jeune femme.      vrai ☐      faux ☐

**4.** Quand on vit en concubinage, on est marié.      vrai ☐      faux ☐

**5.** Jean a un garçon de 5 ans, c'est son petit-fils.      vrai ☐      faux ☐

Note : /5 points

TOTAL : /10 points

**10** Reliez les mots à leur contraire.

| | |
|---|---|
| **1.** jeune • | • **a.** être séparé |
| **2.** marié(e) • | • **b.** aimer |
| **3.** rajeunir • | • **c.** âgé |
| **4.** vivre ensemble • | • **d.** vieillir |
| **5.** détester • | • **e.** célibataire |

Note : /5 poin

**11** Complétez le texte avec :

*vie • quitter • rencontré • foudre • mariage*

ÉLISE : Bonjour Anne, dis-moi comment tu as _____ ton mari ?

ANNE : C'est assez drôle, nous nous sommes rencontrés dans un aéroport. Il y avait une grève et nous attendions notre avion. Lui, il partait en Allemagne et moi, au Mexique.

ÉLISE : Comment avez-vous fait connaissance ?

ANNE : Il cherchait un téléphone et je lui ai prêté le mien.

ÉLISE : C'est comme ça que tu as eu le coup de _____ ?

ANNE : Oui ! Pour lui, c'était différent car sa femme venait de le _____, il était un peu désespéré.

ÉLISE : Comment vous êtes-vous revus ?

ANNE : Il m'a rappelée et m'a demandé en _____. Il disait que j'étais la femme de sa _____ ! Et depuis, nous avons eu deu enfants.

Note : /5 poin

TOTAL : /10 poin

**Complétez les faire-part.**

1. *Nous avons la joie de vous annoncer la n_____ de la petite Irène.*

2. *Aline et Michel vous invitent à la célébration de leur m_____ qui aura lieu le samedi 17 mai 2002*

3. *Madame Leblanc et ses enfants ont le regret de vous annoncer le d_____ de Paul Leblanc survenu dans sa 75ème année. Les obsèques seront célébrées en l'église Saint-Paul, à Vineuil.*

Note: /5 points

**3** **Notez de 1 à 5 pour classer ces périodes de la vie dans l'ordre chronologique.**

**1.** la vieillesse    ☐

**2.** la naissance    ☐

**3.** la maturité    ☐

**4.** l'adolescence    ☐

**5.** l'enfance    ☐

Note: /5 points

TOTAL: /10 points

**14** **Cochez vrai ou faux.**

    **1.** Des frères jumeaux sont nés le même jour.      vrai ☐    faux ☐

    **2.** La grand-mère paternelle est la mère du père.    vrai ☐    faux ☐

    **3.** Un fils unique est un garçon exceptionnel.     vrai ☐    faux ☐

    **4.** Des parents sévères sont des parents sérieux.    vrai ☐    faux ☐

    **5.** La langue maternelle, c'est la langue de la mère.   vrai ☐    faux ☐

Note : /5 poin

**15** **Charades.**

    **1.** Mon premier est la première lettre de l'alphabet.

Mon deuxième est la première note de la gamme.

Mon troisième est un article défini pluriel.

Mon quatrième est un mot qui correspond au goût, à la vue, à l'odorat… Il y en a cinq au total, ce sont les cinq …

Mon tout est une période de la vie. _____

    **2.** Mon premier est ce qu'on respire.

Mon deuxième est un mot de liaison.

Mon troisième parle, raconte quelque chose : il …

Mon quatrième est une voyelle qui porte un accent aigu.

Mon tout est un phénomène biologique responsable de la transmission des caractères physiques et des maladies. _____

Note : /5 poin

TOTAL : /10 poin

# 8 Les transports

**Reliez les phrases et les lieux.**

1. Voilà votre carte d'embarquement, madame. •        • **a.** à la station de métro

2. Contrôle des billets ! •        • **b.** dans un taxi

3. Je voudrais un carnet, s'il vous plaît ! •        • **c.** dans un bateau

4. 25, rue de la Pompe, s'il vous plaît. •        • **d.** à l'aéroport

5. La traversée dure 45 minutes. •        • **e.** dans le train

Note : /5 points

**Complétez le texte avec :**

*itinéraire • direct • descendre • correspondance • destination*

Quand on part en train, on ne sait jamais si on va bien arriver à

_____.

Il suffit d'une grève pour que l'_____ soit complètement

modifié.

D'abord, il faut attendre puis on doit prendre le train suivant qui s'arrête à mi-

chemin.

On doit alors prendre la _____ car le train n'est plus

_____!

Au moment de _____, on s'aperçoit qu'on a oublié ses

bagages quand on a changé de train. C'est le début de l'aventure !

Note : /5 points

TOTAL : /10 points

**3** **Associez les dessins aux verbes.**

**1.** monter ☐    **2.** composter son billet ☐    **3.** contrôler les billets ☐
**4.** réserver son billet ☐    **5.** attendre le train sur le quai ☐

Note: /5 poin

**4** **Reliez les mots à leur contraire.**

**1.** descendre •      • **a.** partir
**2.** rester •      • **b.** arrivée
**3.** départ •      • **c.** monter
**4.** atterrir •      • **d.** non fumeur
**5.** fumeur •      • **e.** décoller

Note: /5 poin

TOTAL: /10 poin

## Cochez la bonne réponse.

**1.** Paris-Marseille est plus rapide en

voiture. ☐    train. ☐    avion. ☐

**2.** Pour traverser la Méditerranée, il faut prendre un

bateau. ☐    vélo. ☐    bus. ☐

**3.** Les embouteillages sont

dans la mer. ☐    sur la route. ☐    dans le ciel. ☐

**4.** On fait le plein d'essence pour

l'avion. ☐    la moto. ☐    la voiture. ☐

**5.** La station-service est située

sur l'autoroute. ☐    dans le port. ☐    dans le métro. ☐

**6.** On traverse une rue sur un passage

couvert. ☐    pour piétons. ☐    à niveau. ☐

**7.** Pour conduire une voiture, il faut avoir

un papier. ☐    une carte d'identité. ☐    un permis de conduire. ☐

**8.** Le TGV est un train

grand voyage. ☐    à grande vitesse. ☐    grande vue. ☐

**9.** Lequel n'est pas un deux-roues ?

la bicyclette ☐    l'automobile ☐    la moto ☐

**10.** Les phares servent à

clairer la route. ☐    saluer les automobilistes. ☐    décorer la voiture. ☐

TOTAL:    /10 points

**VOCABULAI**

**6** Où peut-on lire ces messages ? Reliez les phrases aux endroits proposés.

    **1.** Veuillez présentez votre passeport. •

        **2.** Faites signe au machiniste. •      • **a.** sur l'autoroute

        **3.** Compostez votre billet. •      • **b.** à l'aéroport

        **4.** Embarquement immédiat. •      • **c.** à la gare

        **5.** Bouchon de 5 km. •      • **d.** à l'arrêt de bus

        **6.** Péage à 10 km. •

*Note : /6 poi*

**7** Complétez le dialogue.

– Bonjour madame, je souhaite prendre le train de nuit Paris-Zürich, s'il vous
plaît.

– Oui, vous voulez voyager en première ou en deuxième c _ _ _ _ _ ?

– En première, s'il vous plaît. Avez-vous des places en c _ _ _ _ _ _ _ _

– Bien sûr ! Vous pourrez dormir pendant tout le trajet.

– Y a-t-il la possibilité de dîner dans le train ?

– Oui, les v _ _ _ _ _ _ _ _ ont à leur disposition un wagon-
r _ _ _ _ _ _ _ _.

– Merci pour les informations, je réserverai plus tard.

*Note : /4 poi*

*TOTAL : /10 poi*

## Remplissez la grille à l'aide des définitions.

**1.** Moment où l'avion quitte le sol.

**2.** Professionnel qui est aux commandes de l'avion.

**3.** Lieu où l'avion nous conduit.

**4.** Trajet en avion.

**5.** Moyen de transport très rapide.

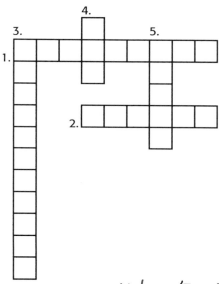

Note : /5 points

## Reliez le mot à son contraire.

**1.** rapide •                    • **a.** vide

**2.** rempli •                    • **b.** demi-tarif

**3.** occupé •                   • **c.** en retard

**4.** plein-tarif •              • **d.** lent

**5.** ponctuel •                 • **e.** libre

Note : /5 points

TOTAL : /10 points

**10** **Notez de 1 à 5 pour remettre les phrases, qui apparaissent sur un distributeur de billets, dans l'ordre logique.**

**1.** Payez. ☐

**2.** Sélectionnez la station. ☐

**3.** 1$^{re}$ ou 2$^{e}$ classe ? ☐

**4.** Aller simple ou aller-retour ? ☐

**5.** Un ou plusieurs billets ? ☐

*Note :* /5 poi

**11** **Complétez le message.**

Le TGV en p __ __ v __ __ __ __ __ e de Tours et à d __ __ t __ __ __ __ __ __

de Paris va __ __ __ __ __ r en g __ __ e, q __ __ __ n° 5. Veuillez attendre

l'ouverture des portes, s'il vous plaît.

*Note :* /5 poi

TOTAL : /10 poi

**Cochez la bonne réponse.**

**1.** Ce billet d'avion est un aller-retour pour Bangkok. Il a été réservé par M. Lenoir. C'est un vol sans escale.
L'aéroport d'origine est Paris-Charles de Gaulle. ☐

**2.** Ce billet d'avion est un aller simple pour Bangkok. M. Charles Lenoir voyage en classe affaires. Il part le 10 décembre 2002. ☐

**3.** Ce billet d'avion est un aller simple pour Paris. L'aéroport d'origine est Bangkok. C'est un vol avec escale. ☐

Note: /5 points

**Cochez vrai ou faux.**

| | vrai | faux |
|---|---|---|
| **1.** Le volant se trouve à l'arrière de la voiture. | ☐ | ☐ |
| **2.** La ceinture de sécurité est obligatoire. | ☐ | ☐ |
| **3.** La vitesse est limitée sur l'autoroute. | ☐ | ☐ |
| **4.** Une voiture d'occasion est neuve et pas chère. | ☐ | ☐ |
| **5.** La carte grise est une carte de stationnement. | ☐ | ☐ |

Note: /5 points

TOTAL: /10 points

**14** Complétez la profession de chaque personnage.

1. c __ __ t __ __ __ __ __ r

2. p __ l __ __ e

3. c __ __ d __ __ __ __ __ r

4. s __ __ w __ __ d

5. c __ __ __ f __ __ __ r de
c __ m __ __ n

6. m __ t __ __ d

7. p __ l __ __ e de
f __ __ m __ __ e 1

8. g __ r __ g __ __ __ e

9. c __ c __ __ __ __ e

10. p __ __ p __ __ __ e

TOTAL: /10 poin

# 9 La météo

**Observez la carte et complétez le bulletin météo.**

5°C

Les prévisions météorologiques pour demain
annoncent un temps m _ _ _ _ _ _ _ _ _ e
sur la Côte d'Azur. Sortez vos parapluies sur la côte
atlantique : il va p _ _ _ _ _ _ r.
À Paris, la température reste f _ _ _ _ _ e :
couvrez-vous bien !
En Alsace, restez vigilants sur les routes car il y aura
du b _ _ _ _ _ _ _ _ d.
Le soleil se lèvera à 7 h 10 et se c _ _ _ _ _ _ a
à 18 h 30.
Nous fêterons demain les Benoît. Bonne soirée !

Note : /5 points

**Reliez les expressions à leur synonyme.**

1. beau temps •        • **a.** froid de canard

2. temps pluvieux •        • **b.** ciel gris

3. temps glacial •        • **c.** temps lourd

4. ciel couvert •        • **d.** temps humide

5. temps orageux •        • **e.** soleil radieux

Note : /5 points

TOTAL : /10 points

**3** **Reliez chaque description à une saison.**

1. Températures douces, début de la floraison des arbres. •          • **a.** automn

2. Températures proches de 0°, neige et brouillard. •          • **b.** hiver

3. Températures chaudes, coucher de soleil tardif. •          • **c.** printem

**4.** Températures fraîches, vent, pluie, arbres perdant leurs feuilles. •          • **d.** été

Note : /4 poin

**4** **Cochez vrai ou faux.**

1. Quand il fait − 5°, il gèle.                                    vrai ☐          faux

2. Quand il gèle, il y a du verglas sur les routes.          vrai ☐          faux

3. Il neige en été.                                              vrai ☐          faux

4. La neige fond au-dessus de 5°.                            vrai ☐          faux

5. Le vent peut souffler à plus de 100 km/h.            vrai ☐          faux

6. On porte des sandales en hiver.                          vrai ☐          faux

Note : /6 poin

TOTAL : /10 poin

**Associez la tenue à la saison correspondante.**

(a)

(b)

(c)

(d)

**1.** hiver ☐    **2.** printemps ☐    **3.** été ☐    **4.** automne ☐

Note : /4 points

**Reliez les phrases.**

**1.** Mets un blouson chaud ! •    • **a.** Il fait chaud ?

**2.** Laisse ta veste ! •    • **b.** Il fait froid ?

**3.** Prends ton imperméable ! •    • **c.** Il y a de l'orage ?

**4.** Habille-toi légèrement mais prends un parapluie ! •    • **d.** Il pleut ?

**5.** Attention, ça glisse ! •    • **e.** Il gèle ?

**6.** Il y a de la glace sur les vitres. •    • **f.** Il y a du verglas ?

Note : /6 points

TOTAL : /10 points

**7** **Charades.**

**1.** Mon premier est un petit mot de liaison.

Mon deuxième est le contraire de foncé.

Mon troisième est la septième note de la gamme.

Mon tout est l'apparition du soleil entre deux passages nuageux.

_____

**2.** Mon premier est la planète sur laquelle nous vivons.

Mon deuxième est un élément d'une phrase.

Mon troisième est une unité de mesure.

Mon tout sert à connaître la température. _____

Note : /5 poir

**8** **Retrouvez, dans cette grille, cinq mots se rapportant à la météorologie.**

| A | N | V | I | U | A | G | E | O |
|---|---|---|---|---|---|---|---|---|
| Y | U | E | B | T | R | I | K | L |
| B | A | R | O | M | E | T | R | E |
| S | G | H | J | M | C | U | I | S |
| L | E | Q | M | O | L | K | G | N |
| M | P | D | U | T | A | J | E | A |
| A | R | S | C | V | I | H | L | I |
| O | F | A | V | E | R | S | E | L |

Note : /5 poir

TOTAL : /10 poir

## Complétez le dialogue avec :

*vent • soleil • beau • froide • bronzée*

ÉLISE : Tu as pris de belles couleurs, Anne, tu es toute _____ !

ANNE : Ah oui, tu trouves ? C'est vrai que nous avons eu du _____

temps pendant toutes les vacances. Nous ne nous sommes pas beaucoup

baignés car l'eau était _____ mais nous avons bien profité du

_____ qui brillait dès le matin.

ÉLISE : On dit qu'il y a souvent du _____ sur la côte. C'est vrai ?

ANNE : Oui, c'est vrai. D'ailleurs, c'est idéal pour faire de la planche à voile.

Note : /5 points

## Cochez vrai ou faux.

**1.** Par temps d'orage, il y a du tonnerre, des éclairs et il pleut.

vrai ☐      faux ☐

**2.** Par temps radieux, il y a des nuages dans le ciel.

vrai ☐      faux ☐

**3.** L'été indien, c'est en automne.

vrai ☐      faux ☐

**4.** On se baigne quand il y a de la tempête en mer.

vrai ☐      faux ☐

**5.** La mer est déchaînée quand il fait beau.

vrai ☐      faux ☐

Note : /5 points

TOTAL : /10 points

**11** **Reliez le mot à l'adjectif correspondant.**

      **1.** soleil •        • **a.** pluvieux

      **2.** orage •        • **b.** enneigé

      **3.** nuage •        • **c.** ensoleillé

      **4.** neige •        • **d.** orageux

      **5.** pluie •        • **e.** nuageux

Note : /5 poin

**12** **Complétez le dialogue avec :**

*prévisions • temps • pluie • météo • précipitations*

— Quel _____ fera-t-il ce week-end ?

— Je ne sais pas, je n'ai pas regardé la _____ aujourd'hui. De

toute façon, les _____ sont rarement exactes… La semaine

dernière, on nous a annoncé de fortes _____ et, en réalité, nou

n'avons pas eu une goutte de _____ !

Note : /5 poin

TOTAL : /10 poin

# 10 La ville et la campagne

**Complétez les mots.**

① ② ③

④ ⑤ ⑥

**1.** h _ _ _ _ l de v _ _ _ e

**2.** é _ _ _ _ e

**3.** g _ _ e

**4.** p _ _ _ _ e

**5.** s _ _ _ _ _ _ _ _ _ _ é

**6.** b _ _ _ _ _ e

Note : /6 points

**2 Associez les dessins aux directions proposées.**

ⓐ ⓑ ⓒ ⓓ

**1.** Allez tout droit ! ☐

**2.** Tournez à droite ! ☐

**3.** Ne passez pas ! ☐

**4.** Tournez à gauche ! ☐

Note : /4 points

TOTAL : /10 points

**3** **Complétez le dessin avec :**

*cabine téléphonique • feu tricolore • trottoir*

*station de taxis • passage pour piétons*

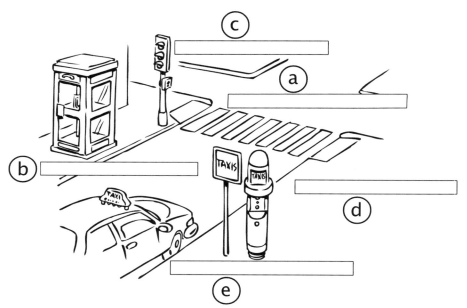

Note : /5 point

**4** **Rayez l'intrus.**

**1.** champ – église – métro – épicerie

**2.** kiosque – taxi – boutique – tracteur

**3.** campagne – pollution – agriculteur – nature

**4.** quartier – banlieue – théâtre – chemin

**5.** animaux – bureau – ferme – potager

Note : /5 point

TOTAL : /10 point

**Remplissez la grille à l'aide des définitions.**

**1.** Croisement de plusieurs rues.

**2.** Lieu où l'on va voir un film.

**3.** Magasin.

**4.** Dans une ville, endroit qui se trouve au milieu de tout. (Le cœur de la ville.)

**5.** Petite boutique où l'on achète son journal.

Note : /5 points

**Complétez le texte.**

Chère Odile,

Je t'écris de la province où je passe quelques jours dans un petit

v _ _ _ _ _ _, en pleine c _ _ _ _ _ _ _. Les arbres sont en fleurs,

les champs sont verts : c'est la vraie n _ _ _ _ _.

Ce séjour me donne envie de vivre ici, loin du b _ _ _ _ et de la

p _ _ _ _ _ _ _ _.

À bientôt,

ton amie Nicole.

Note : /5 points

TOTAL : /10 points

**7** **Cochez pour indiquer si le mot correspond à la ville ou à la campagne.**

**1.** monument

ville ☐        campagne ☐

**2.** nature

ville ☐        campagne ☐

**3.** ferme

ville ☐        campagne ☐

**4.** jardin public

ville ☐        campagne ☐

**5.** stade

ville ☐        campagne ☐

**6.** forêt

ville ☐        campagne ☐

**7.** circulation

ville ☐        campagne ☐

**8.** stress

ville ☐        campagne ☐

**9.** champs

ville ☐        campagne ☐

**10.** clocher

ville ☐        campagne ☐

TOTAL :   /10 point

**Complétez le texte avec :**

concert • rythme • détendus • nature • activités

Moi, ce que j'aime dans la ville, c'est qu'on peut faire beaucoup de choses ; il y

a en effet beaucoup d'_____. On peut aller au cinéma, voir une

pièce de théâtre, un opéra. Il y a aussi beaucoup de salles de _____.

Moi, ce que j'aime à la campagne, c'est la _____. Les gens sont plus

_____, ils respirent l'air frais et se promènent souvent en forêt.

Vivre à la campagne, c'est un autre _____ de vie.

Note : /5 points

**Complétez les textes.**

**1.** La _ _ _ _ _ _ _ _ _ _ est à

côté du bureau de _ _ _ _ _. La

_ _ _ _ _ _ _ est derrière le cinéma.

**2.** La _ _ _ _ _ _ est au milieu des

champs. La _ _ _ _ _ _ _ _ passe

devant la cour.

Note : /5 points

TOTAL : /10 points

**10** **Classez les animaux.**

**1.** animaux domestiques : _____

**2.** animaux de la ferme : _____

TOTAL:   /10 point

## Cochez la bonne réponse.

**1.** Il élève des bêtes et cultive les champs.

l'artisan ☐        le pêcheur ☐        l'agriculteur ☐

**2.** Il gère l'argent de ses clients.

le gérant ☐        le gestionnaire ☐        le banquier ☐

**3.** Il travaille dans un atelier et fabrique des objets avec ses mains.

le plombier ☐        le peintre ☐        l'artisan ☐

**4.** Il est propriétaire d'usines.

l'industriel ☐        l'ouvrier ☐        le propriétaire ☐

**5.** Personne qui vit à la campagne.

un écologiste ☐        un paysan ☐        un citadin ☐

Note: /5 points

## Rayez les mots qui n'appartiennent pas à la ville.

**1.** un immeuble

**2.** un feu de camp

**3.** un périphérique

**4.** un panneau publicitaire

**5.** une moisson

**6.** des bureaux

**7.** un centre d'affaires

**8.** une étable

Note: /5 points

TOTAL: /10 points

**13** **Reliez les deux phrases.**

1. Pourquoi est-ce que tu préfères la montagne ? •

2. Pourquoi est-ce qu'il va toujours à la mer ? •

3. Pourquoi est-ce que tu déménages ? •

4. Pourquoi est-ce que tu aimes la ville ? •

5. Pourquoi est-ce qu'elle ne quitte jamais la ville ? •

• **a.** Parce que j'aime me divertir.

• **b.** Parce qu'elle déteste la campagne.

• **c.** Parce qu'on y respire mieux.

• **d.** Parce que je veux changer d'air !

• **e.** Parce qu'il aime se baigner.

Note : /5 poin

**14** **Complétez le texte avec :**

*forêt • autoroute • village • château • direction*

Pour vous rendre au _____ des Côterets depuis Paris, il faut prendre l'_____ A1 direction Lille et sortir à Senlis. Ensuite vou prenez la _____ Orry-la-ville jusqu'à l'entrée du _____. Le château se situe en bordure de _____.

Note : /5 point

TOTAL : /10 point

**Complétez le dialogue avec :**

> *programmation • réunion • construction • maire • piscine • loisirs*
> *culture • centre • sports • hôtel de ville*

Aʟɪᴄᴇ : Salut Martin, tu as entendu parler du projet de _____

d'un théâtre au _____-ville ?

Mᴀʀᴛɪɴ : Oui, bien sûr, c'est même moi qui l'ai proposé au _____

à la dernière réunion du conseil municipal. Tu ne trouves pas que c'est une

bonne idée ?

Aʟɪᴄᴇ : Si, mais je trouve qu'on manque d'installations sportives. Par exemple,

pour aller nager, il faut prendre le bus et faire 10 km ; c'est dommage de ne

pas avoir de _____ dans notre ville. Et je ne sais pas si le

théâtre va intéresser beaucoup de personnes.

Mᴀʀᴛɪɴ : Ah oui, tu penses que la _____ n'intéresse plus...

Aʟɪᴄᴇ : Je n'ai pas dit ça, je trouve seulement qu'il manque beaucoup de choses

au centre de _____.

Mᴀʀᴛɪɴ : Je vais en parler à la prochaine _____ avec le maire et

ses conseillers.

Aʟɪᴄᴇ : D'accord, parce que je pense que les enfants ont vraiment besoin de

pratiquer des _____ variés. Le théâtre, c'est un projet pour les

adultes.

Mᴀʀᴛɪɴ : Ah non ! Il va y avoir aussi une _____ pour les

jeunes dans ce futur théâtre. Bon, je vais à l'_____.

On se retrouve plus tard.

TOTAL : /10 points

# Corrigés

## 1 Les présentations

**1** enchanté – nationalité – profession – étudiant – connaissance

**2** 1. J'ai vingt ans. – 2. Oui, je suis célibataire. – 3. Au revoir et à bientôt. – 4. un couple. – 5. Bonjour, M. Blanc !

**3** 1. bon courage – 2. inquiet – 3. passion – 4. parti

**4** 1. b. – 2. d – 3. f – 4. e – 5. a – 6. c

**5** 1. c – 2. d – 3. b – 4. a – 5. e

**6** 1. le garagiste – 2. le médecin – 3. le chirurgien – 4. le dentiste – 5. une vendeuse

**7** 1. vrai – 2. faux – 3. vrai – 4. vrai – 5. faux

**8** hôtesse – mécanicien – bilingues – nourrice – chauffeur

**9** 1. bavarde – 2. sérieux – 3. le sens de l'humour – 4. calme – 5. généreux – 6. patient – 7. agressif – 8. froid – 9. sincère – 10. curieuse

**10** 1. d – 2. a – 3. c – 4. e – 5. b

**11** nom – prénom – civil – couleur – taille

**12** 1. homme - 45 ans - ingénieur – 2. Jeune femme - divorcée - expositions – 3. âgée - personne - histoire - contactez.

**13** 1. e – 2. b – 3. a – 4. c – 5. d

**14** 1. antipathique – 2. travailleur – 3. impatient – 4. intolérant – 5. optimiste

**15** 1. e – 2. c – 3. a – 4. b – 5. d

**16** 1. comédien – 2. boulangère – 3. vendeur – 4. couturier – 5. journaliste

## 2 Les activités quotidiennes

1. le réveil – 2. me réveille – 3. me lève – 4. ma douche – 5. une serviette de bains – 6. 'habille – 7. petit déjeuner – 8. la cuisine – 9. me brosse les dents – 10. dans un bureau

1. b – 2. a – 3. d – 4. e – 5. c

1. déjeuner – 2. dormir – 3. week-end – 4. repas – 5. dîner

accompagne – école – bureau – embouteillages – pointe

déjeune – restaurant – cantine – courses – ménage

1. en commun – 2. orange – 3. le taxi – 4. embouteillages – 5. accompagne les enfants – . suivent les cours – 7. cantine – 8. la récréation – 9. à l'école primaire – 10. goûter

1. faux – 2. faux – 3. vrai – 4. faux – 5. faux

1. le bus – 2. fait la pause – 3. réveiller les enfants – 4. leurs devoirs – 5. la radio

1. b – 2. a – 3. g – 4. c. – 5. i – 6. f – 7. d – 8. h – 9. e – 10. j

0 1. d – 2. c – 3. b – 4. a – 5. e

1 *horizontalement :* lessive – aspirer – laver

*erticalement :* repassage – ranger

2 1. brosse – A – dent : brosse à dents. – 2. eau – 2 – toilettes : eau de toilette

3 1. 5 – 2. 1 – 3. 4 – 4. 2 – 5. 3

# 3 Les loisirs

**1** stade – équipes – match – coupe – score

**2** 1. amateur – 2. piscine – 3. en forêt – 4. une comédie – 5. mon feuilleton préféré

**3** 1. d. – 2. c – 3. e – 4. a – 5. b

**4** 1. d. – 2. e – 3. b. – 4. c. – 5. a

**5** dix – vert – tisse – ment : divertissement

**6** *horizontalement :* 2. théâtre – 5. film

*verticalement :* 4. concert – 3. livre – 1. musée

**7** 1. e – 2. b – 3. d – 4. a – 5. c

**8** a. fauteuil – b. comédien – c. rideau – d. scène – e. spectateur

**9** 1. fais mes bagages – 2. guide touristique – 3. monuments historiques – 4. Je fais (
camping. – 5. cartes postales – 6. la gastronomie – 7. souvenirs – 8. enregistrés – 9. m(
passeport – 10. défais ma valise.

**10** salles – réalisateur – scénario – situation – distraire

**11** 1. théâtre – 2. séance de 14 h – 3. jardine – 4. bricoler – 5. en bateau

**12** 1. d – 2. e – 3. b – 4. c – 5. a

**13** raquette – équitation – ring – natation – ballon

**14** 1. courses – 2. un trophée – 3. une médaille – 4. blanche – 5. repose – 6. fais du vélo –
7. d'un cheval – 8. exposition – 9. sur un court – 10. individuel

# 4 Les vêtements

a. jupe – b. chaussures – c. chemisier – d. pantalon – e. veste

1. accessoires – 2. bijoux – 3. foulard – 4. talons – 5. taille

1. b – 2. d – 3. e – 4. a – 5. c

1. mes chaussettes – 2. mon imperméable – 3. une ceinture – 4. survêtement – 5. costume

b. tennis – d. casquette – f. short – h. T-shirt – l. chaussettes

penderie – repassée – roulé – assorties – imperméable

1. écharpe – 2. jeans – 3. jupe – 4. pantalon – 5. sandales

a. sac – d. robe longue – g. chaussures – j. veste – m. collier et boucles d'oreilles

1. anorak – 2. combinaison – 3. gants – 4. collant – 5. bonnet

1. d – 2. a – 3. c – 4. e – 5. b

1. b – 2. e – 3. a – 4. f – 5. c – 6. d

1. sale - eau - pète : salopette – 2. des - barde - heure : débardeur

1. e – 2. c – 3. b – 4. d – 5. a

1 – 3 – 6 – 8 – 10

mettre – habiller – bottes – fourrure – tenue

1. robe – 2. pantoufles – 3. polo – 4. jupe – 5. bermuda

## 5 Les courses

**1** lait – beurre – œufs – farine – épicier

**2** 1. le sucre – 2. la vinaigrette – 3. de la moutarde – 4. le lait de soja – 5. du sucre

**3** 1. d - f - h – 2. c – 3. g - i – 4. a - e – 5. j – 6. b

**4** pizzas – champignons – eau gazeuse – livrée – bon appétit

**5** 1. poisson – 2. lait – 3. yaourts – 4 salade - haricots

**6** *horizontalement :* légumes – fruit – prix

*verticalement :* caisse – sac

**7** 1. à la papeterie – 2. au kiosque – 3. au pressing – 4. dans une librairie – 5. chez le crémie

**8** modèles – coûte – fois – garanti – vente

**9** 1. boîtes – 2. bananes – 3. lessive – 4. bouteilles – 5. dentifrice

**10** 1. b – 2. a. – 3. e – 4. c – 5. d

**11** 1. baguettes – 2. croissants – 3. pain – 4. brioches – 5. chocolat

**12** 1. bouteille – 2. tomates – 3. camembert – 4. fromage – 5. salade

**13** bottes – cuir – essayées – pointure – ouverture

**14** 1. pièces – 2. monnaie – 3. choix – 4. sandwich – 5. chewing-gum

**15** 1 – 2 – 4 – 5 – 7

# 6 La maison

appartement – pièces – séjour – balcon – étage – ascenseur – cuisine – immeuble –

agréable – station

entrée – couloir – chambre – jardin – est

2

1. faux – 2. faux – 3. vrai – 4. faux – 5. vrai

1. bureau – 2. sous-sol – 3. salon – 4. balcon – 5. cuisine

1. dans un vase – 2. les rideaux – 3. l'oreiller – 4. un tabouret – 5. un miroir

1. d – 2. c – 3. a – 4. e – 5. b

1. d – 2. a – 3. b – 4. c – 5. e

1. vrai – 2. vrai – 3. faux – 4. faux – 5. vrai

1. e – 2. d – 3. b – 4. a – 5. c

propriétaires – locataires – travaux – ascenseur – escalier

1. lave-linge – 2. évier – 3. douche – 4. télé – 5. étagère

1. b – 2. d – 3. a – 4. c – 5. e

1. congélateur – 2. l'étagère – 3. le coussin – 4. restaure – 5. une table – 6. une table –

un portemanteau – 8. change de maison – 9. payer. – 10. paye un loyer

## 7 La famille

**1** parents – mari – belle-sœur – beaux-parents – petits-enfants – fille – nièce – fils – neveu

mariée

**2** 1. d – 2. a – 3. b – 4. e – 5. c

**3** famille – parents – oncles – cousins – aîné

**4** 1. c'est - ré - mot - ni : cérémonie – 2. ma - rit - âge : mariage

**5** 1. naissance – 2. enfants – 3. âge – 4. bébé – 5. parents

**6** funérailles – enterré – cimetière – famille – admirateurs

**7** 1. d – 2. a – 3. b – 4. e – 5. c

**8** 1. 5 – 2. 4 – 3. 1 – 4. 3 – 5. 2

**9** 1. vrai – 2. faux – 3. vrai – 4. faux – 5. faux

**10** 1. c – 2. e – 3. d – 4. a – 5. b

**11** rencontré – foudre – quitter – mariage – vie

**12** 1. naissance – 2. mariage – 3. décès

**13** 1. 5 – 2. 1 – 3. 4 – 4. 3 – 5. 2

**14** 1. vrai – 2. vrai – 3. faux – 4. faux – 5. vrai

**15** 1. a - do - les - sens : adolescence – 2. air - et - dit - é : hérédité

# 8 Les transports

1. d – 2. e – 3. a – 4. b – 5. c

destination – itinéraire – correspondance – direct – descendre

1. c – 2. a – 3. d – 4. b – 5. e

1. c – 2. a – 3. b – 4. e – 5. d

1. avion – 2. bateau – 3. sur la route – 4. la voiture – 5. sur l'autoroute – 6. pour piétons –

un permis de conduire – 8. à grande vitesse – 9. l'automobile – 10. éclairer la route

1. b – 2. d – 3. c – 4. b – 5. a – 6. a

classe – couchette – voyageurs – restaurant

1. décollage – 2. pilote – 3. destination – 4. vol – 5. avion

1. d – 2. a – 3. e – 4. b – 5. c

1. 5 – 2. 1 – 3. 4 – 4. 2 – 5. 3

provenance – destination – entrer – gare – quai

2

1. faux – 2. vrai – 3. vrai – 4. faux – 5. faux

1. contrôleur – 2. pilote – 3. conducteur – 4. steward – 5. chauffeur de camion –

motard – 7. pilote de formule 1 – 8. garagiste – 9. cycliste – 10. pompiste

# 9 La météo

**1** magnifique – pleuvoir – fraîche – brouillard – couchera

**2** 1. e – 2. d – 3. a – 4. b – 5. c

**3** 1. c – 2. b – 3. d – 4. a

**4** 1. vrai – 2. vrai – 3. faux – 4. vrai – 5. vrai – 6. faux

**5** 1. c – 2. d – 3. a – 4. b

**6** 1. b – 2. a – 3. d – 4. c – 5. f – 6. e

**7** 1. et - clair - si : éclaircie – 2. terre - mot - mètre : thermomètre

**8** *horizontalement :* baromètre – averse

*verticalement :* nuage – éclair – gel

**9** bronzée – beau – froide – soleil – vent

**10** 1. vrai – 2. faux – 3. vrai – 4. faux – 5. faux

**11** 1. c – 2. d – 3. e – 4. b – 5. a

**12** temps – météo – prévisions – précipitations – pluie

# 10 La ville et la campagne

1. hôtel de ville – 2. école – 3. gare – 4. poste – 5. supermarché – 6. banque

1. b – 2. c – 3. d – 4. a

a. passage pour piétons – b. cabine téléphonique – c. feu tricolore – d. trottoir – e. station

e taxis

1. métro – 2. tracteur – 3. pollution – 4. chemin – 5. bureau

1. carrefour – 2. cinéma – 3. boutique – 4. centre – 5. kiosque

village – campagne – nature – bruit – pollution

1. ville – 2. campagne – 3. campagne – 4. ville – 5. ville – 6. campagne – 7. ville – 8. ville –

. campagne – 10. campagne

activités – concert – nature – détendus – rythme

1. librairie - tabac - mairie – 2. ferme - rivière

0 1. a - d - e - f - i – 2. b - c - g - h - j

1 1. l'agriculteur – 2. le banquier – 3. l'artisan – 4. l'industriel – 5. un paysan

2 rayer : 2 – 5 – 8

3 1. c – 2. e – 3. d – 4. a – 5. b

4 château – autoroute – direction – village – forêt

5 construction – centre – maire – piscine – culture – loisirs – réunion – sports – program-

mation – hôtel de ville

N° d'éditeur : 10099957 – PAOH ! – Juin 2003
Imprimé en France par EMD S.A. – 53110 Lassay-les-Châteaux – N° dossier : 10649